詩集

虹の足

小高恒

砂子屋書房

＊目次

装本・倉本　修

詩集　虹の足

虹の足

虹の足を見た
虹の足は白い竜のようである

虹は茫然と立っているが
光と霧の巨大な輪郭に目覚めた
白い竜が立ち上がるような昇竜の足である

清らかな水の川の流れ
雨上りの川辺り一面を呑みこんで
虹の足が立っている

生まれたばかりの白い竜の子が
燦燦と立ち上がろうとして

虹の足は徐徐に
膨大な光と霧をあつめて
竜が飛翔する
遥か彼方へ光の橋を懸け
竜は耀き果てしない空の彼方へ
何かを叫び
何かを呼んで

虹の足が
白い竜の耀きが燦燦と七色に変化し
遠い空の彼方へ渡って行く
もしも虹の懸け橋を渡ることができるなら

虹がもっとも美しいと
思える時が相応しい
そして瞬時の旅立ちが相応しい

茫然と立つ
虹の足のなかに
一軒の茅葺屋根の家が見える
白い煙が立ち上っている
人は誰もそのことに
気づかぬように暮らしている

老いぼれたいま
私はもう一度　白い竜のような
虹の足を見たい

朝顔

朝顔が
ようやく目覚めて顔をだした
朝の光が眩しくて
ようやく見ひらいた
少女の瞳のように
坂道にぽつぽつと光っている

赤　黒　紺色模様のランドセル
瞬きを忘れた幼さのように
ときめきだけが通り過ぎて行く
朝顔の透きとおる声と

爽やかな風の足音が
心の交叉点で老婆が交通安全の旗を振り
駆け足で走りぬけて行くビニール傘

梅雨に濡れた朝顔が光る坂道
垣根を這い上がって咲いていく健やかな花の
笑顔いくつ　数えたかを忘れてしまう
朝が来る　また小さな
朝顔のつぼみが
眩しすぎる雫に
少しずつ見ひらく瞳が
朝露に濡れる　眼差し
可憐な微笑みが囁きかける
朝顔いくつ
うつむいていた時は短すぎて

それぞれが春の終わりを告げる

今日この頃
朝の陽ざしが眩しいほど
ガラス越しに光る
あどけない微笑みが呼びかけてくる
朝顔いくつ
ひらいたばかりの　花の命　命の光
花びらから滴になった言葉に
何気なく　うつむく人の足音が
そそくさとゴミ袋を出したあと
カラスの啼き声だけが聞こえてくる

雨上がりの　いっとき
桜の花が艶やかに散ったバス通り

爽やかな風が吹きぬけて
今朝は少しの冷たさと
少しの温もりのある南風
華やかな桜の花が咲きあふれたときの
幻想の日日の花の命が何故か儚くて
温暖化に渇いていく道に
空しく行き交う音が続く

七月のバス停は無口で
駅行きのバスを待つ傘の列に並んだ
駆け足で朝顔のような少女が乗って
バスのドアが閉まった

駅に向かうバスの窓ガラスの外で
朝顔の花が揺れていた

睡蓮

妹が睡蓮を見たいと言った
母の背中で
夢のように見た
記憶の蓮沼へ行った

清らかな水に育まれ
仄かな薄紅色の
その儘の姿で
甦って厳かに咲いている
睡蓮の花

透きとおった水のなかに
静かに身を委ね
心を癒す睡蓮の影
水面も睡蓮に
浄化されて満ちている

手をさしのべて
もはやとどくことのない
睡蓮の花
妹はその儘　花一輪の
神秘な睡蓮のようである
睡蓮の花が耀いている

晩秋の夜

私は天空に煌めく
睡蓮の花を見た
神秘な命がひとつ
光って流れる星を見るように

そうして兄妹の蓮沼に
誰もが知りえない
睡蓮の花が咲いている
やがて　私の命が消えても
睡蓮は　花一輪　葉に滴る言葉の露を残して
永遠に身を委ねている

友情

鯤は氷湖にだけ棲む
夢の魚と言う
何日もかかって
漸く氷湖に着いた

二人はボートで氷湖に出た
氷を砕きかき分けて
ロットを幾度も伸ばし
凍えながら釣り糸を投げた

氷湖にだけ棲むという
夢の魚　エレギトリン
投げた長い釣り糸のさきに
鯤が翔びついてくるまで
垂れて流れるルウを追った

青春の熱さが
氷湖にきらめいて
白い太陽が落ちて行った

青春の熱い日日は
時代が覚えている
失うものが何もない二人の
ひとつの夢を
黙黙と追いかけ

挑戦した熱い勇気と心の葛藤が
白い夕陽と沈んで行った

彼と二人で過ごした時代は
鯤のように生きている
トナカイに乗って
夢を追いつづけた氷原の日日
氷湖の鯤を　今だに
思い出すことがある
早くして逝った笑顔の友に
慟哭した時代を覚えている

鯤は氷湖で
今も生きているだろう
夜はみどり色のオーロラを見ているだろう

夢を失った時代に
もっとも大切なものは
鯤のような情熱が心の中に生きている
友情である

友情は朴訥で寡黙な素顔にある
変哲のない笑顔である
友の墓前に久しく花を手向け　ありがとうと
年老いて初めて気づく
友情という宝物である

背中の自画像　trompe lóeil

公衆浴場の鏡に映る
少年の背中に見えた　小さな悪夢

一枚の画用紙に描いた
教壇の机に置かれた赤い薔薇の花よ
限りなく黒く染めていた背中の未来よ

親の背中を見て子は育つ
黒色だけで塗り潰して描いた薔薇と背中の
具象と抽象の明暗に見え隠れする恐怖

背中の海と背中の空　黒い描線と余白に拡がる
未来を背負った　小さな旅人
背中にのしかかってくる　吐息と脈動
果てしない海と空の重さ
背中は喘ぎ背骨だけが波打ち
呼息づいている

教壇の机の上に置かれた赤い薔薇の花よ
背骨から育まれた頭脳の薔薇よ
苦笑と慟哭　蒼白き幼き者の日日よ
背中のなかに見える　白いキャンバス
喘ぎつづけた戦死者の背骨の群れ
黒い描線が　余白に拡がる
縹渺としたイマージュの　背中の荒野

背中のなかにだけ　透けて見える
蒼白き幼き者の
背中のなかに棲む
具象と抽象の狭間に漂う
赤い薔薇の花の悪魔である
悲劇の時代が
一人の少年に魅せた
トロンプルイユ

日常

妻が　ドライブしたいと言った
高速道路を走り　遠い湖へ行った
私は　日常を忘れていたのかもしれない
車のダッシュボードに
入り込んでいた一匹のカマキリを

記憶から消えた　日常の
カマキリを忙殺した　日常がある
気付かずに走りつづけている日常がある
同時に過ぎ去って行った日常がある

磨り減っていく　タイヤのような
日頃の疑問のない日常がある

高速道路を降りた所で
検問があった
人の命に関わる問いである
車検証がダッシュボードに入っている
扉を開けると
陽を浴びたことのない
夥しい数の白いカマキリが
一斉に翔びだしてきたのだ
忙殺した日常が
日日に繁殖しつづけた
膨大な白いカマキリ　陽を浴びたことのない
私と妻を襲う　夥しい白いカマキリたち

カマキリを忘れ去った過去から
暗闇の世界で　膨大に繁殖を繰り返し
翔びだして来たのだ
忙殺した日常に向かって

二人は湖畔に泊まった
一晩中夥しい白いカマキリに蝕まれる
夢を見た
妻は　何にも知らなかったと言う

コンセント

コンセントが
二つ　目をあけて　笑うように
壁際で凝っと目を閉じている

コンセントは盲目の生きもののようである
絶えず自ら何もすることができないが
光が目に加わることで
目覚めることができる
外観は眠っているように見える

愛のようなものでも
憎しみのようなものでも
二つの目に差し込まれる光を
拒否することはない
コンセントは接続された真実に
罪と罰を受けることもない
国境を越えて流れてくる事実を
拒否することも拒絶することもできない

コンセントは絶えず気づかない所に在る
ある日廃屋に取り残したコンセントが
何故か古時計のように懐かしくも思える
愛と死のような時を過ごしてきたのだろうか

コーヒーショップの片隅で

目を塞がれたコンセントが
カバーの中で
笑っているように見えた
携帯電話が繋がらない恐怖に襲われている
手足を縛られた二人の男が銃を突きつけられている
コンセントは盲目ではない
動脈のように重要な真実を捉える
血の足である
愛のようなものでもなく
憎しみのようなものでもない
二つの意志が解りあうためにある

花と群羊

母親に付き添われて
ウェディングドレスを見ている
娘は幸せだ

純白の　朱色の　淡水色の
ウェディングドレスを
着替えて　神秘な花になる

花の蕾　身を委ねた娘
父親に腕を添える　バージンロード

僅か　数十歩の道程
幼い頃の　あどけない泣き顔　笑い顔
時として胸を焦がした　花と群羊
娘に短く　父親に果てしない
花のロード
花は微笑み　泪し　独りはぐれ
恒しく幸せを祈り　草原をひたすらに走り
虚しい想いに　砕けるとき

再びめぐり逢う　痩せた群羊のなかへ
尋ねて　老いを語り　笑い　驚き
祝福の言葉が咲きひらく
そして　群羊は挙って
風の話に出かけて行く

一滴の水から

すべては　氷河の一滴のしたたりから
始まる幻想の旅
一滴の水のしたたりと言う
源流から
ひとすじの水の流れが
いくつもの水の流れを集め
濁流となり　岩を砕き
そして呑まれ　濤濤と繰り返す曲がりくねった
山河の清水となり　緑を芽吹き花を咲かせ
そして繁り　牛馬らを育み　森を見た

聖なるものを　この星に宿し　天雲の嵐が
旱魃の野山に　恵と潤いを与えたが
濁流となる水勢は殆ど　弱き生を連れ去った
果てしない水の瀑布への試練の旅

すべては一滴の水の流れから果てしなく
巨大な岩盤の突端で留まることはない
川は突然　急激に流れを変えて速度を早め
繁吹き渦巻き　一軌に途切れ　舞い騰がり
止めどなく流れ落ちる瀑布となる

川の流れが絶えまない逸さで
飛翔する瀑布の変貌の象は
それは数えきれない飛竜のよう
他者の聖を赦すことがない

その飛沫のなかに　突っ込むように飛翔してくるものに醒め
そこで激流は幾度も渦巻く繁吹を断崖に繰り返すが
すべての聖を死滅させることはできない

繁吹き弾ける瀑布が
一滴の水の流れをとどめようと苦悩に充ちる
そのとき飛沫を搔い潜って飛び込んでくる
微少な生の動き
瀑布は岩壁の突端で
その裏側に棲む燕のような幻の鳥だけの聖を赦している

人が川の怒濤と瀑布のまえに
茫然と立ちつくすとき
鳥たちは瀑布の裏側で羽を休め

一瞥する

瀑布に夥しい竜頭が
烈しい水流の命であるように
岩石に吹き騰がる
そして流れ落ちては舞い上がる
それが竜であるかどうか
誰も知ることがない

夜明けまえ絶えまなく渦巻いた流れが
吹き騰がる瀑布の
命の光礫《つぶて》
瀑布を駆ける聖の光
竜が翔んでいると思う
飛沫が怒濤のように

瀑布が絶えまなく流れ落ちていると思う姿
水と光の命が
ともに岩を叩き砕け散る
見えるものは
吹き騰がり　落下する
瀑布の音以外
聞こえないもの
と
心という小さなものが甦る
凝っと目を閉じて
耳をすます
竜が瀑布に飛翔する轟きに目覚め
竜が棲んでいると思う

凝っと目を覚まして

一点に凝らすと
鳥の一瞥も
鳥が棲んでいると思う
それは光の聖
瀑布の鳥のように翔び交い
瀑布の竜のように舞い上がる
心と言うものをかいま見る
聖のなかに
水が無心のまま
怒濤のように流れ落ちて
心のなかから
消え去っていく
光と闇の音
水の慟哭

陽が昇る
朝靄に霞む広大な瀑布を
絶えまなく流れ落ちる怒濤が
岩石を打ち砕くように
それを水の力とか勢いとか命とか言うより
突きだす瀑布岩盤の
裏側の世界に棲む
鳥の一瞥から

竜の飛沫を掻い潜る
聖の音が聞こえない
瀑布の世界に棲みついた
生きているもの
見えないもの
心のなかにあるものも

怒濤の渦に消え去っていく

すべては一滴の水の流れから
無限に繁吹き流れ落ちていくもの
水と光の蒸気が揺れ溢れ　触れ合い
瀑布は虹に包まれる

落水が大河となり
大湿原地帯を潤して拡がり
太古の生態系は目覚め
水と風に吠える

一滴の水から

鶏の世界

悲劇のコロニア*に捧ぐ
（アメリカ合衆国大統領命令第９０６号写真展から）

汽車を待つ
おかっぱ髪の少女が
四角い皮鞄のうえに座って
リンゴをかじり
途方もない行方を見ている

黄色い血が
体の中を流れている
敵意の背後から
首に名札をかけた

見知らぬコロニアたちが
希望の移民から
悲惨な棄民へ
長い鉄橋を渡って行く

一つの告示
黄色い血のコロニアたち
アメリカという自由なる大地で
紙屑のように捨てられた市民権
心に翼をとじこめられた
鶏の世界
「未来」と呼ぶ
自由なる夢の大地
大地で産まれた卵
翔べないコロニア

追放という
バスにゆられて行く
ロサンゼルス北東300マイル
蓬とナスキートだけ生えている
砂漠の真っ只中
無造作に建てられた
巨大なコロニー舎
マンザナー強制収容所
荒涼としたシジフォスの岩肌から
寒風が吹き下ろす

堅牢な重い扉の鍵を開け
病院のような孤独なベッドが
部屋の片隅に置かれている

失望が　より遠い祖国へ走る
見知らぬコロニアと　祖国の兄弟から
無限に　河のように流れている
黄色い血が　体の中に存在する
理由で　家畜の疫病のように
隔離される

黄色い血が　流れている
見知らぬ多くの人人
異なる多くの人人
祖国と　合衆国への驚き
怒りを抱えた蒼民が
板張りの暗い収容所を　這い廻る日日
足に白い包帯を巻いている

はばたく翼はない
夜通し　魘《うな》される夢
心に翼をとじこめ
飼い慣らされていく悪夢
戸口から　戸口へと
網の中を這い廻り
傷だらけの羽毛と手足
何処へも行くことのできない
鶏舎のようなコロニアの世界

マンザナー強制収容所の
コロニー舎の隅隅に建つ
監視塔の上に　長身の歩哨兵が立ち
星条旗が　砂嵐に翻っている
コロニアに　できることは

夜明けの大地に
真実の自由を産卵することだ

注：マンザナー強制収容所のあった大砂漠のなかに、今は亡きコロニアたちの慰霊碑が立ち並んでいる。

＊コロニア＝日系でありながらブラジルの土に根を下ろした仲間という響きがあった。

旅　券

一枚の旅券が
時に齎すものは
一千万分の一の奇跡である

砂漠の町へ行き
電気もガスも水もない町で
井戸を掘ることである
空港を飛び立った航空機が
空の彼方へ舞い上がり　消えて行く

雲海のうえを時が流れ
国境を越えた　空の一隅で
突然　多数の乗客が
白い機体とともに略奪される
目出し帽を被った　男たちが
拳銃を構え　解らぬ言葉を絶叫し
銃と手投げ弾を突きつけ
機内を一挙に占拠する

威嚇と沈黙の間
蒼ざめた恐怖と悲哀が
機内に充満する
旅人を装った黒い顔面
拒絶するもの　両翼は傾き
闇のような反世界へ

航路の変更を指令する

旅人を装った少数の男の
旅券が齎す　旅客機が航行する方向と
一枚の旅券に　委ねた
旅行者の生存を
私たちの都市で　知りえる者は誰もいない
レーダーから消え去った
微かな電波の　点と線を　臆測する

商人も　学者も　役者も
老人や　女も　子供も
すべて無名の乗客である
嵌殺の円窓に　時間と虚無が
雲海を流れていく

ある者は神に祈り
ある者は絶望する
渇いた月と無数の星がきらめく中で
不安と絶望の　一夜を過ごす
時として　深い霧のなか
眠れぬ旅程のためか
死の恐怖に怯える　巨大な翼の機体が
世界の一隅で　齎す意味は
真昼の荘厳な青空でもありえる

一枚の旅券が
選びとる邂逅は
偶然ではない
必然に遭遇する

一千万分の一の奇跡である
略奪は　悲惨にも特定の人人の関わりであると言えるか
特定の人人の　血の報復であると
特定の人人が　選びとる生が
無名の人人の　生と言えるか

私たちの都市で
帽子のような座席と
皮鞄のような旅程が
星のように降る　夜空には
無名の一枚の　旅券が遭遇する
旅程の終焉に
美しい秘境や古都の　追憶と郷愁が
桜の花のように　舞い落ちてくる

国境を越えた　砂漠の空港で
巨大な機体が　爆破され
火炎が烈しく　吹き上がる
爆風に荒ぶ　滑走路を
全てを失った旅行者たちが　疾走してくる
そうして　特定の人人と携わることができる
果てしない砂漠　乾いた町がある

そこには　水と駱駝の人人がいる
一千万分の一の奇跡の遭遇なのか
一枚の旅券に　委ねた希いが
砂漠の町で　携わることができる
さあ　水のない町へ

或孤島の葬送

大陸の地殻変動と大噴火から
分裂して生まれた
数千の島島の孤島
極く希な花崗岩の洞窟で
頭蓋骨が粗一ヶ所づつに集納された
遺跡である

遠い祖先の勇者たちが
星座を目標に
海を渡り　苦難をのり越え

或孤島に辿り着いた
人類の疑う余地のない証しは
多くの頭蓋骨の集団遺跡の
下土周りに敷きつめられた
草船の萱草で疑う余地はない

海より碧く　海より深い
遠い祖国の母なる子宮の守護神
甍に外敵から護る方角に配した
想像の鯱祠に似た化神と称ぶ
奇怪な女神の創造物が
前歯をむきだした　口腔のおくから
悪魔祓いの　火炎を噴きだし
天空の海に　吠えている

丸い石積み塀の　屋根瓦の突先に
その女神がやどる甍の家で
萱草で籠を編む老婆の訛り言葉と眼差し
真剣な口調の余韻が
いっそうの信憑性を臭わせた

此島で生まれたものは
死してみな母なる子宮に還ると言う
子宮葬である

老婆に案内されて
墓門の扉をあけた
女性の子宮のような奇妙な像の
墓石のカルウトのなかへ入っていくと
まるで女体の胎内と思われる

鍾乳洞のような大小数万の乳首が垂れ下がり
滴るものから温かな篝火が点って光る
曲がりくねったぬめぬめした洞窟の奥深くへ
好奇心と恥辱心がおずおず手さぐり
腹這いて指先に触れる
静寂で聖なる胎内の洞窟は
身体を捻りかきわけ辿り着いた不透明な迷宮で
僅かに射し込む光りが静かな海底を照らし
生命がはじまった古代生物コトヒトデの目が
揺らめいているように見え隠れて消え去った

ざわざわ潮風が濡れ髪を渇かし
時をゆるやかに動かしていた
果てしない海の白い砂浜で
私は何か大きな考え違いをしていたことに気づいて

砂浜にほとほと崩れて蹲り埋もれた

子宮が子孫の夢を実現していく
私は何を考えて　埋もれ去ったのか
子宮だけが知っていたのだ
丸い石積み塀の
黄色い屋根瓦で甍が吠えている
家屋のなかに
老婆はすでに戻っていて
干し萱草を竹刀でいなし土産籠を編んでいる

ふり返ると
家の周りの内生け垣に
萌えるアカバナが
幻の時のように咲きあふれ

葬送の夜に
島の人びとが死者を囲み
夜通し酒を呑み踊り囃して
母なる子宮へ祭りのような灯りを点す

或る孤島の葬送で
アカバナが萌え盛る墓地へ向かう葬列
草舟の安全と子孫繁栄を祈る
子宮葬の唄声
誰もいない海にも
時として　ふと聴こえてくる
孤島の人びとの声

とりみち

この島には
獣にけものみちがあるように
鳥にとりみちがある

知られてはならない
生きるためのみちである
幼鳥から学ぶ遊び心の宙のみちでありながら
翔ぶための酷しい層のとりみちがある

息をひそめて近寄ると

眼光は鋭く微かに動き
矢刃のような嘴に
両翼の羽毛は弓のように張りつめ
槍のような強靱な脚を伸ばし
海魚一尾を銜え
凛凛しく一枝を揺らし
即として翔び立つかまえをしている

そのとき一群の鳥が
彼らのとりみちに弧を描いて侵入してきた
と気付いた瞬間　銜えた餌を呑み込み
矢のような速さで翔びかかり
一群を追い払ったのだ
一瞬の慣性と獰猛な本能の習性とも思われた

ある日潮風に逆らって
天空を高く翔ぶ
一羽の孤の鳥を見た
そして　その上の空層を
一羽の孤の鳥が舞う姿を見た
まるで空の黒子のように点点と
またその上空を舞い翔ぶ鳥を見た
とりみちに　幾重もの層がある

地上から見上げて視る鳥の円舞
美しい舞いはしだいに空の青の点となるが
彼らの本能がもたらす
とりみちの層に現れる
熾烈な他者を寄せつけようとしない
優雅な円舞がある

いいとりみちを回遊する翼
一羽の雄鳥が優れた勇者であるために
鼓舞する姿のいいとりみちを
茫然と見上げた

高度な優雅な舞い
唯一優れた子孫を残すための
いいとりみちの円舞に
魅了される雌鳥の多くが
樹木の枝枝から一斉に舞い上がる
訪れる季節の予感
断崖に飛沫く潮風はるかな空で
限りなく繰り返す美しい華麗な円舞の
いいとりみちに

そして精根を尽き果て
舞い降り舞い落ちる島の樹木に
白い脱糞と千切れた羽毛の怙びりが
花のように見えるが
樹木の下のとりみちに
死骸が散在している

この島に
棲息する獣に
けものみちがあるように
誰も知りえない
とりみちがある

親馬鹿の木

親馬鹿の木は
誰の心のなかにも生えている

松の木は凛として
荘厳な風格を枝葉に律して
何事にも動ぜず
優雅な品格を水面に映している

桜木は柔と剛の命を宿して
華やかで艶やかな花の美しき時の短さを

か細い枝枝のさきに時の優しさを分かち
散りゆく幻の世まで誘いだす
根もとから幹に甲冑を纏った酷性の愛を
大地に腹這いて風雪の時代を堪えている

私は大きな樫の木になりたかった
大地が揺れ動く時代　父は轍の樹に命を注ぎ
子供の前に立ち尽くした

例えば　それがあすなろの木であろうと
情熱を傾ける生涯であれば
悔いがない

杉の木は老いても灰色の空を支えている

そして　心のなかに育まれた
おまえの夢　夢を追いかける子供たちの木
私は秘かに「青年の木」を贈った
学名・ユッカエレファンティプス
冬空に炎のような手を何本もさしだした
刺刺しい青青とした夢の木

もはや水を注ぐことができない
私が名付けた「親馬鹿の木」である

鳥の夢

鳥だけが棲む島
鳥の進化の謎を解く
鳥のガラパゴスである

その島は
鳥は全く自由で
恐竜のような鳥も棲んでいたと言う
鳥の卵殻が入っている
海底の洞窟岩層に
散乱して見える

亀の卵殻にも似ているが
空を翔びまわっていた恐竜類の卵殻ではないかと言う

五千万年もの間
人間とともに寄り添うように生きてきた
羊のように従順な
鶏の祖先の卵殻である
翔ぶことができないと言われてきた
鶏の祖先の卵殻である

島は鶏だけが棲んでいた
樹木のあいだを自由に翔び
時として空を翔ぶことがあった
鳥ばかりの島のなかで
この無名の島の環境が

鶏の繁殖にもっとも恵まれていたのだと言う

一日中樹木の実のようなもの
木の皮や虫のようなもの
そこそこと啄み
島に寄り添う人を覚えて
零れた餌を啄むことで
島を這い廻る必要もない

人に飼い慣らされ
人から餌を与えられる知恵を
卵という生命に
いつのまにか猿より従順に覚えたのだ
島では巣づくりもなく
卵を産み落とせる

しかも　今は他の動物の侵入を
人の傍で護られて繁殖できる

鳥祭の日
もっとも巨きな鶏が殺生され
島神の進物となる
共に生きていることで危険ではない
人に寄り添っていきることで
人に慣れ尽くして生きているからだ

島の鶏は
極めて大きな翼をもっている
そして時に獰猛である
ダチョウのように巨きな卵を産卵するが
軍鶏のように鋭く尖った嘴と異様な眼孔が

樹木や岩岩の上に立ちはだかっている
棒で打ち払えば
刀刃のような嘴と槍のような剣爪で
襲うように翔びかかってくる
極めて鋭敏で獰猛な性質であるが
鶏にとって外敵であるのは
此孤島に生息しない　鰐や蛇の野生動物だけである

熱帯雨林と酸素が人との共存でもたらした
進化の理由ではないかと言う

一千万年は経っただろうか
鶏が蟻のように人の傍で餌をあさり
ダチョウのように巨きな恐竜に似た卵を産卵する

此島の鳥が鶏に
進化した群れたちの
夜明けを告げる雄鶏の鬨
産卵を告げる雌鶏の喚声
恰も習性のように告げる
人の生命に寄り添って生きるために
奇跡的に稀に得たもの
鶏の命が示した
卵黄の未開のみちに
全てでない過去の記憶を失いつつ
痴呆症を背負うとするわたしが
戸惑いの拙作をつづろうと生きているのは
人命に関わる免疫細胞の進化と
免疫細胞の培養に携わる研究の
黄卵を摂取できる鶏の副産物に他ならない

著しく進化した卵黄細胞が
この島に棲息する
鶏の卵から発見されて
数百万年は経っているだろうか
鳥が夢を見たと言う
鳥類の骨と卵殻が
岩層の襞襞　そして岩肌に散在する
白い砂浜にキラキラ光るコロニカル粒子の海辺
鳥のガラパゴスの話である

命の音

聞こえますか
狂気のような
命の叫び

誰にもとどかない
あなたの叫び
命の音
体から消え去っていく
花のような
体から流れていく

血のような
体から熔けていく
業のような
とぎれとぎれに歩いていく
叫びのような
体から抜け落ちていく
泥のような

あなたの歩いてきた山河
あなたの愛しい人びと
あなたの眼差しと　臭さと
あなたの叫びが聴こえる径を
私は風の音を聴くように歩いている

冷たくなっていく　手を

じっと握りしめ　目を閉じ
何も言えず　幾度も叫ぶ
狂気の叫び
震える手に　僅かな温もり
あなたの愛しさから
糸のように紡がれた命の絆
ひとり　ひとりの　命の手

あなたの心から
ひとすじの希望をいだき
歩いてきた径で立ち止まり
凝っと目を閉じて哭いている
心が烈しい命の音をたてている
叫び声が　聞こえますか
ひとりの命ではない

ひとりひとりの命
命と命の音の流れ
体から熱い血のように流れていく
あなたが山河のほとりに宿した　命の音

心に引き継がれた川の流れ
心に咲く四季の花花
心に囁く命の花花
ひとり　ひとり
紡いだ叫び　聞こえますか
命が問いかける
恐恐と永らえているより
成し遂げようとする業のような
心が命を失うとき
あなたが寡黙になって凝っと立っている

狂気のような叫び声の
足音が遠離っていく
老いていく命の音が　消えていくとき
聞こえますか　あなたと私の眼差しが交わす
生きる命の叫び　遠離っていく
命の音が　滝の水音のように聞こえてくる夜

命は自分だけのものではない

叫びについて（マララ・ユセフザイさんより）

生きることは
夢を見ることですか
生きていくことは
夢を見つづけることですか

夢を見ることは
夢を見つづけること
叫びつづけること
叫びは夢のように
蒼白き幼き者たちと

地球を廻り
大地に昇る
陽とともに
夢は目覚め
大地にて人は叫ぶ

叫びは　陽とともに沈み
死者とともに　去る
時として叫びは　狂気のように

少女が　叫ぶ
銃を捨て
ペンとノートを持て
破壊がつづく
荒涼とした砂漠の町に

陽はまた昇る
治水することに
瓦礫や廃棄物　地雷のない
道をつくることに
多くの幼き者を
疫病からまもることに
素足の少女たちが見る
今日の太陽
どこかでとりちがえた奢りと飢えの欠片
今日の生と死
幼き素足の少女たちの　叫び
ペンには翼がある
翼から抜け落ちていく
羽毛のようなものに
生きる夢の

夢から翔びたつ
翼のようなものが
夢から吐き出される
血のようなものが
叫びが

黒い瞳を見ひらいた
叫びが
顎をつきだし
前歯をあけた喉腔のおくから
心のなかのうねり
血のような
泥のようなものが
吐き出される
生きる　叫び

死ぬ　叫び
叫びが
背中を吹きぬける
夢の叫びが
家族の叫びが
人びとの叫びが
叫びの　手と手が
風の言葉が　風の足が
体を吹きぬける
生きることは夢
夢の叫び

生きる　ことは
夢を見る　こと
生きつづける　ことは狂気

夢を見つづけていく　ことは狂気
人は時として　どこかで
夢と生をとりちがえる　生と夢
生は　夢のなかに
夢は　生のなかに
生きる夢をとりちがえたまま
幻の夢だけを見ている
生きることは　捨てられた
新聞紙のように　破れ　千切れ飛んだ
叫びつづける言葉の欠片
翼をひろげた言葉の夢

駅舎

鉄橋を渡ると
小さな駅舎がある

駅舎には
何処の駅にも舎の面影がある
子供の頃に見た消えない想いがある
時代の父母の背中や
妹の笑顔のような
不思議な出逢いの歓声と
遠く霞んでいる郷愁に目覚め

ふと何かを見失っていたように
立ち尽くすことがある

時代が駅舎を変え
駅舎が生まれ変わって
懐かしい駅舎が遠離る
背中に苦悩を背負った駅から
見知らぬ人びとが改札口を降りてくる
自由が違う顔をして
ひとり　ひとり　街のどこかへ消えて行く

昨日も　今日も　降りてくる影のようなものがある
過去の記憶を失った改札口から
未来へ向かって行く改札口へ
過去と未来がすれ違う線路に

人びとは何かを目指して駅へ向かう

そして駅は過去の面影を抱え
舎の胸に古いカメラを下げている
駅の改札口を通り抜けた
自由のなかから不自由さの時代のなかへ
肉眼を押しあてて過ごした昭和の時代
不自由さのなかで
約束を破ることで旅立った
苦悩と郷愁の分岐点
自由な形象のなかへ向かう人びと
傷ついた多くの悲惨さに気付かずに
駅の改札口を往き交う出逢いと別離の哀愁

人びとが向かう人波に未来と呼ぶものがある

駅の地下道に大きな顔写真が貼ってある
世界中の難民と呼ばれる人びと
世界中の国のない人びとの顔写真がある
仲間の国の人びとがいる

街の中に消えていく自由に呼びかける
握りしめようとする小さな自由さえ
束ぬまに消えて
未来の形を両手で摑もうと
何も摑めずに帰る背中の人びと
街のなかへ消えて行く人びと

駅の通路ですれ違う人びとのように
ひとり　ひとり　駅に向かって行く
それぞれの自由が往き交う

歩いて行く人　歩いて来る人
駅は往き交う見知らぬ人びとの自由が
降りて来ては同時に去って行く
そして国境を越えて
そこには　未来へ向かう人びとが自由に往き交う
果てしない線路を繋げようと延びている

過去の駅舎は　心の駅であり
未来の駅舎は　命の駅である
心の駅舎がある人びとには
命の駅舎がある

そして英知と創意を抱いた
未来の駅舎は
より多くの人びとが和み

夢と希望に充ちる
「虹の足」がある

後記

詩集『虹の足』を出版する動機は、妹の遺言である。生前末期癌で療養園に入園した時、私にできることは何にもなく己の無力さを実感した。十歳程年の違う妹（志津子）に、私ができることは妹の心を少しでも安らかにしたいという思いで久しく書いていない数篇の詩を書き添えた。

この詩集に収めた「睡蓮」の一篇が送り言葉となった。

生前半年も経たない最後の手紙に必ず詩集を出してくださいと書いてあった。私は絶句した。「命の音」が聴こえてきた。

人生は斯くも早く過ぎ去るものか、そして暴力的にまで命を奪い取るものかと、憤りと勇気に目覚めた疾病中の苦々しい今日此の頃である。

第一詩集『不安の均衡』（発行者 土曜美術社 笛木利忠・協力 関根弘）から数十年経った。詩は青春の文学と言われたが、詩は年を重ねながら言葉と向きあっていると、甚だ愉快でもある。

長い歳月、膨大な日々と時間「白いカマキリ」のように生きてきたのではないか。私を目覚めさせた妹に感謝し、疾病から立ち上がって、朝に散歩を始め、文字と向きあい、詩文らしきものを毎日書き続けた。思いもよらない詩集の編纂と出版に当たり、ご協力とアドバイスを頂いた麻生直子氏及び田村雅之氏に深く感謝を致し、厚く御礼を申し上げます。

西暦二〇一六年十月二日

著者　小《お》髙《だか》　恒《ひさし》

詩集　虹の足

二〇一六年一二月二〇日初版発行

著　者　小高　恒
東京都練馬区大泉学園町六―一―三四（〒一七八―〇〇六一）

発行者　田村雅之
発行所　砂子屋書房
東京都千代田区内神田三―四―七（〒一〇一―〇〇四七）
電話　〇三―三二五六―四七〇八　振替　〇〇一三〇―二―九七六三一
URL http://www.sunagoya.com

組　版　はあどわあく
印　刷　長野印刷商工株式会社
製　本　渋谷文泉閣